OBJETS D'ART

TABLEAUX

SUCCESSION COUVREUR

OBJETS D'ART

TABLEAUX

SUCCESSION COUVREUR

CATALOGUE

DES

OBJETS D'ART

ET DE

HAUTE CURIOSITÉ

Suite remarquable de Sculptures en marbre par Alfonso LOMBARDI;
Ivoires; Bois sculptés; Belles Armes du XVIe siècle;
Émaux de Limoges; Manuscr; Orfèvrerie; Bijoux des XVIe et XVIIe siècles;
Beaux Portraits sur émail par PETITOT; Bronzes d'art;
Beaux Meubles en bois de noyer sculpté du XVIe siècle; Très-belle Chaise à porteurs
enrichie de peintures par EISEN; Très-grand Meuble en bois d'ébène
et ivoire sculpté de quatre mètres de hauteur;

TABLEAUX DE L'ÉCOLE FRANÇAISE

BEAUX PANNEAUX DÉCORATIFS

Dépendant de la succession de M. COUVREUR

ET COMPOSANT LA PREMIÈRE VENTE QUI AURA LIEU

HOTEL DROUOT, SALLES Nos 1 ET 3,

Les Mercredi 26, Jeudi 27 et Vendredi 28 Mai 1875,

A DEUX HEURES TRÈS-PRÉCISES.

COMMISSAIRES-PRISEURS :

Me DELBERGUE-CORMONT,	**Me CHARLES PILLET**,
8, rue de Provence;	10, rue de la Grange-Batelière;

EXPERTS :

M. CHARLES MANNHEIM,	**MM. DHIOS et GEORGE**,
7, rue Saint-Georges;	33, rue Lepeletier;

Chez lesquels se trouve le présent Catalogue.

EXPOSITIONS : PARTICULIÈRE : le Lundi 24 Mai 1875,
PUBLIQUE : le Mardi 25 Mai 1875,

DE UNE HEURE A CINQ HEURES.

CONDITIONS DE LA VENTE

Elle sera faite au comptant.

Les acquéreurs payeront, en sus des adjudications, *cinq pour cent* applicables aux frais.

L'exposition mettant le public à même de se rendre compte de l'état des objets, il ne sera admis aucune réclamation une fois l'adjudication prononcée.

Paris. — Typ. PILLET fils aîné, rue des Gr.-Augustins, 5.

ORDRE DES VACATIONS

Le Mercredi 26 Mai 1875

Sculptures en marbre et autres	1 —	12
Sculptures en ivoire	13 —	35
Sculptures en bois	36 —	40
Armes européennes	41 —	51
Armes orientales	52 —	60
Objets en fer	61 —	66
Emaux de Limoges	67 —	82
Objets variés	83 —	90
Bronzes d'art	91 —	93
Bronzes d'ameublement	94 —	97
Meubles	98 —	103

Le Jeudi 27 Mai 1875

Manuscrits	104 —	110
Orfévrerie	111 —	124
Bijoux	125 —	173
Tabatières	174 —	188
Montres	189 —	195
Matières précieuses	196 —	200

Le Vendredi 28 Mai 1875

Tableaux anciens et peintures décoratives	201 —	277

OBJETS D'ART

ET DE

HAUTE CURIOSITÉ

DÉSIGNATION DES OBJETS

SCULPTURES EN MARBRE

1 — Marbre blanc. — Suite très-remarquable de dix-neuf frises et de dix-huit montants sculptés en bas-relief. Ils ont été exécutés en 1508 par Alfonso Lombardi, sculpteur ferrarais, né en 1486, et mort en 1536, pour Alphonse d'Este, second duc de Ferrare et mari de la célèbre Lucrèce Borgia, qu'il épousa en 1502.

Deux des grandes frises, mesurant 87 cent. de haut. et 1 m. 10 de larg., représentent, l'une la Paix, et l'autre la Guerre.

Les dix-sept autres frises, de largeur analogue, mais de moindre hauteur, offrent des rinceaux très-élégants, des chevaux marins, des figures de sphinx, des dragons, des centaures, des dauphins, des aigles, etc. L'une d'elles présente à son centre le buste de Lucrèce Borgia, et une autre, le triomphe d'Hercule d'Este.

Les montants sont décorés de candelabres, de rinceaux, de trophées d'armes et d'attributs divers.

Divers écussons et bandeaux de vases portent les inscriptions suivantes :

1° APARTV. VIRG.	2° HIC. NVNQVA.
M D VIII. ALF. D.	MINVS. SOLVS.
III. HOC. SIBI. OCI.	QVAMCVM.
ET QVETIS.	SOLVS. ALF. D.
ERGO. COND.	

3° BIS. VINCIT. OVI. 4° SE. VINCIT. 5° NE. QVIDNIMIS.
6° A. D. F.

Décorant les parois intérieures d'un belvédère faisant partie du palais de Sassuolo, ancienne résidence des ducs de Modène, cette suite offre le type le plus achevé des chefs-d'œuvres de la Renaissance italienne, et est digne, sous tous les rapports, de figurer dans une des principales galeries de l'Europe.

2 — Marbre blanc. — Haut-relief. — La Vierge, l'enfant Jésus et saint Jean. xvi° siècle.

Haut., 26 cent.; larg., 21 cent.

3 — Marbre blanc. — Haut-relief. — Le Christ en croix entre les larrons. Composition d'un grand nombre de figures. Travail italien du xvii° siècle.

Haut., 46 cent.; larg., 37 cent.

4 — Marbre blanc. — Figure d'amour nu couché et endormi. — Signé Langardi.

Larg., 35 cent.

5 — Marbre blanc. — Haut-relief. — Le couronnement de la Vierge. Elle est debout sous un monument à plein cintre et couronnée par le père éternel placé entre deux anges voltigeant. xvie siècle.

Haut., 32 cent.; larg., 29 cent.

6 — Marbre blanc. — Haut-relief de forme ovale. — Léda et le cygne. xviie siècle.

Haut., 30 cent.; larg., 38 cent.

7 — Pierre de Kehlheim. — Bas-relief représentant la résurrection. Travail allemand du xviiie siècle.

Haut., 83 cent.; larg., 60 cent.

8 — Marbre blanc.—Buste, grandeur nature, de madame de Pompadour, par Lemoyne. On lit au revers : J.-A.-P. marquise de Pompadour, par J.-B. Lemoyne. 1761.

9 — Marbre. — Buste, grandeur plus que nature, de Washington.

10 — Pierre. — Deux grands bas-reliefs de forme ronde, représentant des scènes tirées de la mythologie. xvie siècle.

Diam., 95 cent.

11 — Terre cuite. — Bas-relief par Clodion, représentant des jeux d'amours et de nymphes.

12 — TERRE CUITE. — Bas-relief rond, par le même. Vénus accroupie et amour.

SCULPTURES EN IVOIRE

13 — IVOIRE. — Trois bas-reliefs montés dans un triptyque de bois de chêne. 1° Tableau central de triptyque représentant en deux registres superposés, diverses scènes tirées de l'histoire du Christ; 2° et 3° Deux volets de diptyque représentant des sujets analogues, placés sous des arceaux gothiques rehaussés d'or. Les volets, à l'extérieur, sont ornés de deux petits bas-reliefs représentant le Couronnement de la Vierge et la Crucifixion. XVe siècle.

Haut. 15 cent.; larg. totale, 44 cent.

14 — IVOIRE. — Diptyque. — Il représente les sujets de l'Annonciation, la Crèche, la Présentation au temple et la Crucifixion. Ces divers sujets sont placés sous des arceaux en ogive supportés par des colonnettes allongées. XVe siècle.

Haut., 13 cent.; larg. totale, 17 cent.

15 — IVOIRE. — Autre Diptyque. — Celui-ci représente les sujets de la Crèche et de la Crucifixion. XVe siècle.

Haut., 16 cent.; larg., 20 cent.

16 — Ivoire. — Tableau provenant d'une reliure de livre et sculpté en bas-relief dans le style des œuvres de l'époque consulaire. Il offre, au centre, la figure assise du Père éternel et, aux angles, les figures des Évangélistes.

Haut., 195 mill.; larg., 125 mill.

17 — Ivoire. — Tableau provenant d'une reliure de livre et sculpté en bas-relief. Il représente le Christ en croix, entre saint Jean et Madeleine. Travail du xie au xiie siècle.

Haut., 13 cent.; larg., 95 mill.

18 — Ivoire. — Tableau représentant le même sujet que celui qui précède.

Haut., 15 cent.; larg., 15 cent.

19 — Ivoire. — Fragment de rétable composé de deux figures de cavaliers vus à mi-corps et conservant des traces de peinture. xive siècle.

Haut., 13 cent,

20 — Ivoire. — Peigne à frise centrale découpée à jour et représentant sur ses deux faces des bustes de femmes et de guerriers reliés par des dauphins et des rinceaux.

Haut., 93 mill.; larg., 14 cent.

21 — Ivoire. — Curieux coffret arabe de forme rectangulaire, sculpté en bas-relief et décoré de fleurs arabes-

ques et d'une longue inscription. Cette dernière est une louange à Dieu et une demande de bénédiction pour le propriétaire de l'objet.

Il porte la date de 355 de l'hégire, correspondant à l'an 963 de l'ère chrétienne.

Haut., 11 cent.; larg., 20 cent.

22 — Ivoire. — Christ en croix du XIIe siècle (?) Les extrémités de la croix sont ornées de figures d'anges vues à mi-corps et portent des inscriptions. Collection Bouvier, d'Amiens.

Haut., 18 cent.

23 — Ivoire. — Diptyque. — Chaque feuillet, divisé en deux registres, représente des scènes de la vie de Jésus-Christ sculptées en relief. La Nativité, l'Adoration des Mages, le Couronnement de la Vierge et la Crucifixion. Ces sujets sont placés sous des arceaux en ogive. XVe siècle.

Haut., 195 mill.; larg. totale, 175 mll.

24 — Ivoire. — Dyptique. — Il offre les mêmes sujets que celui qui précède; ceux-ci sont circonscrits par des quatrefeuilles en ogive. Même travail.

Haut., 19 cent.; larg. totale, 19 cent.

25 — Ivoire. — Triptyque. Le tableau central représente la Vierge debout entre deux anges, et date du XVe siècle.

Les deux volets offrent chacun une figure debout et sont d'une époque postérieure.

Haut., 14 cent.; larg. totale, 17 cent.

26 — Ivoire. — Groupe. — La Vierge, assise et drapée, tient son fils sur ses genoux. xve siècle.

Haut., 13 cent.

27 — Ivoire. — Groupe. — La Vierge, debout et drapée, porte l'Enfant Jésus sur son bras gauche. La couronne est en argent doré. xve siècle.

Haut., 25 cent.

28 — Ivoire. — Groupe. — Saint Joseph debout, tenant un lys de la main droite et portant l'Enfant Jésus sur son bras gauche.

Haut., 42 cent.

29 — Ivoire. — Groupe. — La Vierge debout, vêtue d'une longue robe couverte de fleurs en relief, porte l'Enfant Jésus sur son bras gauche. Ce groupe est placé sous un monument en cuivre doré, à dôme et à clochetons, supporté par des colonnettes torses. xve siècle.

Haut. totale, 30 cent.

30 — Ivoire. — Valve de miroir sculptée en bas-relief et représentant une scène tirée d'un roman de chevalerie. xive siècle.

Diam., 95 mill.

31 — Ivoire. — Autre valve de miroir sculptée en bas-relief; celle-ci représente un Départ pour la chasse. xive siècle.

Diam., 90 mill.

32 — Ivoire. — Groupe de trois figures ; Hercule combattant. Ce groupe porte les initiales G. F. xviie siècle.

Haut., 21 cent.

33 — Ivoire. — Cippe sculpté en bas-relief et représentant une Bacchanale, dans le style de François Flamand. Il porte les initiales B. C. xviie siecle.

Haut., 15 cent.; diam., 14 cent.

34 — Ivoire. — Groupe. — La Vierge, assise, offre une grappe de raisin à son fils, placé debout devant elle. xviie siècle.

Haut., 13 cent.

35 — Ivoire. — Statuette. — L'Enfant Jésus debout, tenant la croix et posant le pied sur le serpent. xviie siècle.

Haut., 15 cent.

SCULPTURES EN BOIS

36 — Bois. — Figurine de saint Jean enfant, debout, le pied gauche posé sur une tête de mort. xviie siècle.

Haut., 16 cent.

37 — Bois. — La Vierge, debout et drapée, tient l'Enfant Jésus assis sur sa main droite. Sur socle en bois noir, orné d'un groupe de trois têtes de chérubins. xviie siècle.

Haut. totale, 35 cent.

38 — Bois. — Croix du Liban, offrant sur ses deux faces diverses scènes tirées de la vie du Christ.

Haut., 17 cent.

39 — Bois. — Haut-relief représentant l'Adoration des rois mages, rehaussé de couleurs et d'or. Travail du xviie siècle.

Diam., 28 cent.

40 — Bois. — Beau vase à boire de forme cylindrique, offrant au pourtour des têtes de génies ailés, des mufles de lions, des groupes de fruits et des enroulements sculptés en relief. Il est supporté par un pied d'élan debout, ainsi que par une figurine de guerrier en bois sculpté. Travail allemand du xvie siècle.

Haut. totale, 46 cent.

ARMES

41 — Grand et beau bouclier de forme ronde, en fer repoussé, damasquiné d'or et repoussé d'argent. Il représente un combat de cavaliers en riches costumes

du XVIe siècle. Le combat a lieu sous les remparts d'une ville forte.

Beau travail milanais du XVIe siècle.

Diam., 56 cent.

42 — AUTRE BEAU BOUCLIER de même forme et de travail analogue. Celui-ci représente le sujet de la conversion de saint Paul. Ce sujet est encadré d'enroulements et de festons richement damasquinés d'or.

Mêmes travail et époque.

Diam., 57 cent.

43 — GRAND BOUCLIER de parade en fer, repoussé et damasquiné d'or. Il offre, au centre, un mascaron en haut-relief et, au pourtour, quatre compartiments ovales rapportés, renfermant plusieurs scènes de combats et séparés par des figures de guerriers et de renommées. Le bord est décoré d'une frise représentant des jeux de divinités marines, et de quatre bustes en relief placés au centre de coquilles.

Beau travail dans le style de la renaissance.

Diam., 66 cent.

44 — BELLE ÉPÉE à double garde et quillons droits, décorés, ainsi que la fusée et le pommeau, d'entrelacs élégants en fer ciselé, conservant des traces de damasquine d'or.

Beau travail du XVIe siècle.

45 — BELLE ÉPÉE à poignée, à triple garde et à quillons droits, richement damasquinée d'or, à dessins de feuillages et d'ornements de la renaissance.

46 — Grande épée à deux mains, à quillons droits, à torsades découpées à jour et enrichies d'incrustations d'argent. Le pommeau et la garde sont décorés de figures en relief.

47 — Très-grande arquebuse à rouet, dont le bois est couvert d'incrustations d'ivoire représentant des sujets de chasse, des bustes et des ornements. La batterie est incomplète.
Travail du xvie siècle.

48 — Deux jolis pistolets avec montures en bois sculpté et garniture en fer ciselé à bustes, cariatides et ornements. xviie siècle.

49 — Mousquet à rouet, dont le bois est incrusté d'ivoire gravé. xvie siècle.

50 — Deux pistolets entièrement en fer et à crosse se terminant par des enroulements. L'un d'eux porte l'inscription : *Bon accord*, et l'autre, la date de 1662.

51 — Dague à lame striée et repercée à jour, à pommeau et garde à quillons quadrangulaires damasquinés d'or et d'argent, d'un travail très-délicat.

ARMES ORIENTALES

52 — Deux beaux pistolets albanais, avec montures entièrement en argent ciselé et doré.
Collection Lenoir.

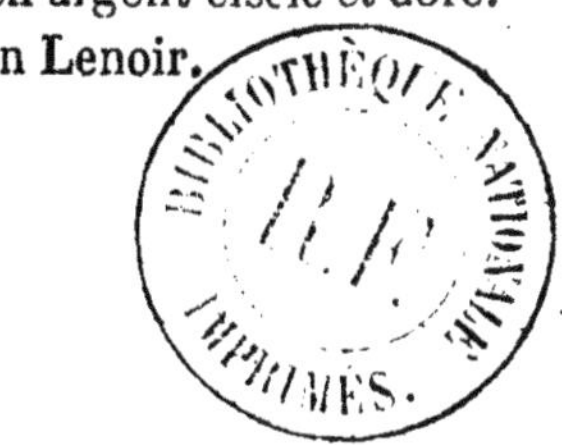

53 — Lance indienne, à lame quadrangulaire et douille à chapiteau, damasquinée d'argent.

54 — Couteau persan, à lame damas damasquinée d'or et manche en agate orientale incrustée de turquoises.

55 — Poignard persan, à manche en morse, garni, ainsi que le fourreau, d'argent, de corail et de turquoises incrustées.

56 — Kriss malais, à lame en damas dont le talon, ciselé à tête de dragon, est damasquiné d'or et incrusté de roses. Le manche, en bois sculpté, a sa monture en or incrustée de roses.

57 — Poignard oriental, à lame courbe et poignée en argent ciselé et rosaces en relief.

58 — Casque persan, à bombe en damas damasquinée d'or et garni d'une fine maille en fer et cuivre.

59 — Sabre à lame courbe en damas avec poignée en morse, garnie, ainsi que le fourreau, en fer damasquiné d'or.

60 — Beau manche de poignard en jade vert, incrusté d'or et de rubis.

Beau travail indien.

OBJETS EN FER

61 — Très-joli petit monument en fer repoussé damasquiné d'or et plaqué d'argent. Il se compose d'un soubassement supportant quatre colonnettes corinthiennes séparées par des compartiments réservés formant cadres et surmontés au centre du buste du Père Éternel et, sur les côtés, de figures d'anges agenouillés. La corniche est surmontée d'enroulements et d'une gorge servant de base à un cartouche ovale ainsi qu'à des figures de renommées et d'anges, d'enfants ailés sonnant de la trompe, d'une tête de chérubin et de rinceaux et draperies.

Beau travail dans le style de la renaissance italienne.

Haut., 46 cent.; larg., 31 cent.

62 — Coffret rectangulaire du temps de Louis XIII en fer repoussé et repercé à jour. Il est décoré de rinceaux, de fleurs, d'oiseaux et de figures de génies; ses angles sont ornés de feuilles en bronze doré et de mascarons en fer. Le couvercle offre un médaillon représentant le Triomphe d'Hercule en haut-relief. Cette pièce porte de longues inscriptions latines.

Haut., 21 cent.; long., 29 cent.

63 — Jolie clef en fer ciselé de la fin du XVIe siècle; la tige est cannelée et la tête à enroulements repercés à jour est surmontée d'une couronne.

64 — Très-joli passe-partout du temps de Louis XVI en acier très-finement ciselé à fleurs et ornements découpés à jour et sur fond damasquiné d'or.

65 — Coupe betel en fer ciselé à tête de dragon et à manches en or ciselé. Travail indien.

66 — Drageoir de forme oblongue et plate en fer repoussé à fleurs, trophées et oiseaux et à couvercle orné d'une plaque en cristal de roche. Epoque Louis XIII.

EMAUX DE LIMOGES

67 — Tableau carré peint en émaux de couleurs et à points saillants imitant les pierres précieuses, attribué à Nardon Pénicaud. Il représente le Christ en croix entre les deux larrons.

Haut., 20 cent.; larg., 16 cent.

68 — Tableau carré peint en émaux de couleurs et attribué à Nardon Pénicaud. Il offre le sujet du Calvaire.

Haut., 19 cent.; larg., 15 cent.

69 — Plaque carrée. — Peinture en émaux de couleurs sur fond noir, attribuée à Jean II Pénicaud. Buste de la Vierge de trois quarts à droite. Elle porte un voile

émaillé gros bleu. On voit, au revers, le poinçon plusieurs fois répété des Penicaud. Collection Roux de Tours.

Haut., 15 cent.; larg., 11 cent.

70 — Beau tableau carré peint en émaux de couleurs et attribué à Jean Ier Pénicaud. Il représente le Christ en croix entouré d'un grand nombre de figures et de cavaliers. Il est monté dans un cadre de cuivre, enrichi à sa partie inférieure d'une frise en bronze représentant des génies et des candélabres séparés par des pilastres.

Haut. totale, 31 cent.; larg., 22 cent.

71 — Beau tableau carré peint en émaux de couleurs par Léonard Limosin. Il représente le sujet du Calvaire et porte au bas de la croix un écusson armorié.

Haut., 24 cent.; larg., 20 cent.

72 — Belle plaque carrée. — Peinture en grisaille sur fond noir attribuée à Jean Courtois. Elle représente le Christ en croix entre les saintes femmes. Il est monté dans un cadre en bois sculpté et doré.

Haut., 21 cent.; larg., 15 cent.

73 — Tableau carré. — Peinture en émaux de couleurs rehaussée d'or, attribuée à Léonard Limosin. Le Christ en croix entre les saints personnages. La donataire est une abbesse de Bourbon, agenouillée devant son prie-dieu qui porte le blason de France.

Haut., 18 cent ; larg., 14 cent.

74 — Tableau ovale. — Peinture en émaux de couleurs par Léonard Limosin. Il représente le sujet de Joseph et Putiphar.

Haut., 20 cent.; larg., 16 cent.

75 — Tableau carré. — Peinture en grisaille, chairs teintés, sur fond noir. xvie siècle. Figure de femme nue assise sur un siége orné d'un combat de cavaliers très-finement exécuté et entourée par six enfants également nus. On lit dans le haut du tableau : *Dialetica.*

Haut., 23 cent.; larg., 17 cent.

76 — Plaque rectangulaire. — Peinture en grisaille sur fond noir attribuée à Pierre Raymond. Elle représente un groupe de figures parmi lesquelles Didon et Enée.

Haut., 08 cent.; larg., 10 cent.

77 — Baiser de paix. — Peinture en grisaille teintée et émaux colorés attribuée à Jean Courtois et représentant le sujet de la Présentation au Temple.

78 — Baiser de paix. — Peinture en émaux de couleurs attribué à Pierre Raymond. L'Annonciation.

79 — Plaque carrée. — Peinture en émaux de couleurs et à paillons sur fond noir étoilé d'or par Jehan Limosin. Sainte Catherine vue à mi-corps.

Haut., 115 mill.; larg., 58 mill.

80 — Autre plaque carrée attribuée à Jehan Limosin. Buste de saint Jean Baptiste.

Haut., 10 cent.; larg., 75 mill.

81 — Grand et beau plat ovale. — Peinture en grisaille sur fond noir. Il offre, au centre, une mêlée de cavaliers en costumes du XVIe siècle, et, au bord, des rinceaux, des mascarons et des cariatides ailées. Le revers, émaillé bleu empois, porte une couronne de lauriers renfermant une fleur de lis d'or et placée au centre d'une bordure d'ornements semés de cœurs enflammés et de fleurs de lis.

Long., 54 cent.; larg., 40 cent.

82 — Deux tableaux carrés. — Peintures en grisaille rehaussées d'or sur fond noir par Pierre Noualher, *émailleur, à Limoges* (Signées). Ils représentent le sujet de l'Annonciation et de la Nativité. Dans des cadres du temps de Louis XIV, en bois sculpté et doré.

Haut., 21 cent.; larg., 17 cent.

OBJETS DIVERS

83 — Plaque carrée provenant d'une reliure de livre, en cuivre champlevé et émaillé. Elle représente le Christ en croix entre les figures de Marie et de saint Jean. Dans le haut, deux figures d'anges vues à mi-corps. Les figures se détachent en émaux de couleurs sur fond d'or. Ecole de Cologne au XIIIe siècle.

Haut., 22 cent.; larg., 135 mill.

84 — CUSTODE de forme sphérique sur pied élevé à nœud en cuivre champlevé et émaillé, décorée de bustes d'anges et du chiffre du Christ, réservés sur fond d'émail varié de nuances. Travail de Limoges au XIIIe siècle.

Haut., 34 cent.

85 — PETIT PLAT rond en faïence d'Urbino, représentant un sujet mythologique. Il porte au revers la date de 1542.

Diam., 27 cent.

86 — CURIEUX RELIQUAIRE en forme de monument hexagonal en cuivre doré, orné des figures des apôtres en bronze ciselé et doré, placées dans des niches et supporté par des demi-colonnes gravées reposant sur de doubles lions couchés à une seule tête. Cette pièce est enrichie de rosaces et de coquilles émaillées blanc, et la frise du toit à gorge se détache sur un fond d'émail bleu. Travail vénitien du XVIe siècle.

Haut., 38 cent.; diam., 65 cent.

87 — Grand et beau verre évasé et à couvercle, décoré d'armoiries émaillées en couleurs. Travail allemand du XVIe siècle.

Haut., 33 cent.

88 — BUIRE et son bassin en cuivre repoussé et doré, ornés de rosaces émaillées rapportées en relief. Travail oriental.

89 — Saucière en faïence offrant à l'intérieur et en relief une figure de femme nue couchée tenant une corne d'abondance ; l'extérieur est jaspé.

90 — Trois grands et beaux vitraux représentant ensemble le sujet de la Nativité. Beau travail dans le style du xvie siècle.

Haut., 2 m. 57 cent.; larg. de chaque vitrail, 80, 76 et 78 cent.

BRONZES D'ART

91 — Grand et beau groupe en bronze de travail italien et du xvie siècle. Il représente le modèle connu sous le nom du Taureau Farnèse. Sur socle à moulures en bronze doré.

Haut. totale, 55 cent.; larg., 40 cent.

92 — Figure de gladiateur d'après l'antique ; bronze français du xviie siècle. Sur socle ovale en granit et bronze.

Haut. totale, 50 cent.

93 — L'Abondance, figurée par une femme assise dont les yeux sont incrustés d'argent ; elle tient de la main droite une coupe chargée d'épis et de fruits, et de la main gauche un vase ; sur ses genoux est un petit bœuf couché. Ce bronze que nous croyons de travail antique est muni d'une belle patine brune.

Haut. sans socle, 30 cent.

BRONZES D'AMEUBLEMENT

94 — Deux candelabres du temps de Louis XVI, en bronze doré au mat à trois branches à rinceaux et fleurs, s'échappant d'un vase en forme de balustre à côtes et à trois anses en consoles formant pieds.

95 — Deux flambeaux de même travail formés de carquois supportés par trois petits pieds à consoles.

96 — Deux vases de forme ovoïde à anses et culots en bronze ciselé et doré au mat, de style Louis XVI.

97 — Beau lustre en bronze à vingt-quatre lumières, richement garni de cristaux de roche, tels que : plaques, plaquettes, pyramides, boule, poires, etc.

MEUBLES

98 — Beau meuble à deux corps et à quatre portes en bois de noyer sculpté à six cariatides d'hommes et de femmes, guirlandes de fleurs et enroulements. Les portes sont ornées de figures peintes en camaïeu d'or ; le corps supérieur offre, entre les cariatides, des motifs d'architecture à quatre colonnettes et à fronton. Beau travail du xvie siècle.

Haut., 1 m. 78 cent.; larg., 1 m. 35 cent.

99 — Très-belle chaise a porteurs du temps de Louis XV, en bois sculpté et doré et enrichie de panneaux peints par Eisen, représentant des jeux d'amours encadrés de fleurs sur fond d'or à treillis. Un écusson surmonté de la couronne royale et supporté par trois amours, indique que cette pièce remarquable a appartenu à plusieurs membres de la famille royale de France.

Les boutons de portes et attaches des bâtons sont en bronze très-finement ciselé; les bâtons sont en bois sculpté et doré, et l'intérieur est garni d'étoffe veloutée à fleurs et feuillages bleu clair.

100 — Joli bureau plat du temps de Louis XV, en bois satiné, richement garni de bronze ciselé à ornements rocaille.

Long. 1 m. 55 cent.; larg., 80 cent.

101 — Coffre de forme rectangulaire entièrement couvert d'incrustations d'ivoire à arabesques sur fond d'ébène. Travail indien.

Larg., 42 cent.

102 — Petit cabinet en bois d'ébène fermant à deux portes décorées à l'intérieur de vases de fleurs peintes en couleurs, les tiroirs sont ornés de peintures sur verre à fond d'or.

103 — Magnifique meuble à deux corps, entièrement plaqué d'ébène, enrichi de statuettes et de bas-reliefs d'ivoire et garni de bronzes dorés.

Ce meuble, chef-d'œuvre de l'art moderne, a été exposé dans les galeries de l'Exposition universelle de 1867 et a obtenu une médaille d'or.

De forme monumentale et elliptique de plan, il se compose, comme il est dit plus haut, de deux corps superposés. Le corps inférieur présente quatre portes vitrées séparées par des sculptures sur ivoire, offrant en bas-relief des figures allégoriques.

La frise se compose de bas-reliefs très-fins en ivoire, représentant des sujets allégoriques aux sciences et à l'industrie, figurés par des groupes d'enfants.

Le corps supérieur, formant vitrine, est divisé en huit compartiments séparés par des colonnettes élégantes exécutées en ébène, en ivoire sculpté et en bronze doré, et il est surmonté par un dôme qui sert de base à une belle figure de Renommée en ivoire, grandeur tiers nature.

Ce meuble, destiné à être placé au milieu d'un salon, d'une galerie ou d'une bibliothèque, est remarquable par le soin apporté à son exécution, ainsi que par l'élégance de sa forme. Il est en tous points digne de la récompense qui fut accordée à son auteur.

Haut. totale, 4 m.; diam.; 1 m. 80 cent.

MANUSCRITS ET LIVRES

104 — Livre d'heures. — Manuscrit in-8° sur vélin du xve siècle, précédé du calendrier et enrichi de douze grandes et très-belles miniatures encadrées de riches ornements, fleurs, arabesques et animaux, rehaussés

d'or et de lettres majuscules ornées. Sur la première feuille de garde est un double écusson armorié, au-dessous duquel on lit : *Michel Cornet, seigneur du fief d'Hunval en Artois, allié à demoiselle Marie Daynval par contract du* 26 *décembre* 1558.

Reliure moderne en maroquin rouge, avec fermoirs en argent ciselé et doré.

105 — Heures de la Vierge. — Manuscrit in-8° sur vélin de la première moitié du xve siècle, précédé du calendrier et enrichi de miniatures, de lettres ornées et d'encadrements rehaussés d'or.

La reliure, en velours vert, offre des bandes et des médaillons de cuivre champlevé et émaillé, à figures et ornements sur fond doré, qui ont été éxécutés à Limoges au xiiie siècle.

106 — Évangéliaire. — Manuscrit in-4° sur vélin de la première moitié du xve siècle, enrichi de miniatures à pleines pages et de grandes lettres ornées à fond d'or.

La reliure, en peau, est décorée de gaufrages à ornements, figures, animaux, et porte, plusieurs fois répétée, l'inscription : *Ave Maria*, en caractères gothiques.

107 — Heures de la Vierge. — Manuscrit flamand in-8° sur vélin du xve siècle, précédé du calendrier, orné de six grandes et six petites miniatures et d'encadrements fleuronnés en or et en couleurs.

Reliure du temps, en cuir gaufré.

108 — Livre d'Heures. — Manuscrit in-8° sur vélin, précédé du calendrier et orné de quatorze grandes et seize petites miniatures, ainsi que de quantité de lettres ornées.

Reliure en velours violet.

109 — Le nouveau Testament, en allemand, imprimé à Zurich en 1740. Reliure en peau de chagrin, avec fermoirs en argent doré et rosaces émaillées.

110 — La Bible, imprimée à Amsterdam en 1861. Reliure en peau de chagrin, avec fermoirs et garnitures en argent ciselé, portant la date de 1767.

ORFÉVRERIE

111 — Beau groupe en argent battu, doré en partie, représentant la Vierge debout et drapée, tenant un sceptre de la main gauche et sur son bras droit l'Enfant Jésus supportant de sa main gauche la boule crucifère. La Vierge porte une couronne ciselée, enrichie de pierreries, et repose sur un socle à pans en argent découpé en ogives, avec moulures dorées et statuettes de saints personnages debout, finement ciselées. Les pieds du socle sont formés de figures d'anges musiciens accroupis.

Beau travail dans le style du xve siècle.

Haut., 54 cent.

112 — Petite cassette de forme rectangulaire, en argent doré en partie, ornée de colonnettes torses aux angles et de rosaces travaillées au grènetis. Le couvercle, à gorge, est décoré de lions assis aux angles, et les pieds sont ornés de cygnes en relief. La face principale offre un nielle sur argent de forme ronde représentant deux génies debout, soutenant un écusson armorié.

Travail italien de la fin du xve siècle.

Haut., 00 cent.; larg., 14 cent.

113 — Beau coffre de forme rectangulaire et à couvercle bombé, à moulures et rosaces en cuivre doré et appliques ornées en argent. Les parties cintrées des extrémités offrent des bustes en relief, dont un empereur romain et un personnage en costume du xvie siècle.

Pièce rare du xvie siècle.

Collection Lenoir.

Haut., 20 cent.; larg., 42 cent.

114 — Beau repoussé sur argent en haut-relief, de forme cintrée, représentant la Crèche. Travail français du xviie siècle. Cadre Louis XIV en bois sculpté et doré.

Collection Lenoir.

Haut., 55 cent., larg., 22 cent.

115 — Médaillon ovale en argent repoussé, représentant Prométhée enchaîné et déchiré par l'aigle. Cadre en bois noir. xviie siècle.

Haut., 15 cent,; larg., 20 cent.

116 — Deux jolies petites statuettes en argent. Saint Pierre et saint Paul debout. Travail italien du XVIe siècle. Ces pièces proviennent d'un meuble.

117 — Deux très-jolis petits flambeaux du temps de Louis XV, en argent finement ciselé, à ornements et coquilles. La tige et le binet sont enrichis de festons de fleurs. Collection Lenoir.

118 — Vase à jeu hydraulique en argent repoussé à bossages et doré, avec couvercle surmonté des armes de Russie. Il repose sur trois consoles ornées se rattachant à une coupe servant de bassin et dont les pieds sont formés de cariatides et de rinceaux. Un petit moulin fonctionne à l'aide du liquide passant de la coupe inférieure à une rigole qui sert de déversoir. Travail allemand du XVIIe siècle. Cette pièce portait le n° 344 de la collection de San Donato.

Haut., 38 cent.

119 — Vase ou vidrecome à couvercle en argent doré, repoussé à bossages et ciselé à ornements rocaille. Il est supporté par une figure d'Hercule, et son couvercle est surmonté des armes de Russie.

Haut., 44 cent.

120 — Petite cafetière en argent repoussé à fleurs et ornements. Époque Louis XV.

121 — Flacon à parfums en argent ciselé à fleurs-arabesques réservées sur fond d'émail bleu. Le pied et le nœud du goulot sont repercés à jour. Travail persan ancien.

122 — Petite boîte à quatre lobes, en filigrane d'argent. Travail oriental.

123 — Boîte ovale en argent ciselé, à branches de vigne et animaux en relief. Travail du Tonkin.

124 — Couvert du temps de Louis XIV, composé de trois pièces en argent ciselé et doré, à bustes et ornements, et enrichi de lapis incrusté. Dans un étui en maroquin rouge doré au fer.

BIJOUX

125 — Très-beau portrait de femme peint sur émail par Petitot. Il est monté dans un médaillon ovale du temps, en or émaillé bleu turquoise à ornements découpés à jour, fleurs peintes en camaïeu et entourage d'améthystes. Dans un étui en peau de chagrin clouté d'or.

126 — Portrait du roi Louis XIV, peint sur émail par Petitot. Il est monté dans un médaillon ovale en argent doré.

127 — Sainte Ampoule du XIIe au XIIIe siècle, en cristal de roche, avec caractères gravés en relief et monture en argent doré et inscription niellée.

128 — Croix en argent doré filigrané, enrichie de saphirs, améthystes, grenats, etc., taille cabochon. XIVe siècle.

129 — Deux médaillons ovales en or repoussé, ciselé et émaillé en partie, représentant la Descente de croix et le Christ mort aux pieds de la Vierge. XVIe siècle.

130 — Médaillon ovale en or à torsade, renfermant, entre deux cristaux de roche, un Christ en croix en or ciselé sur terrasse émaillée. XVIe siècle.

131 — Bijoux pendentif à rinceaux en or ciselé, découpé et émaillé, enrichi de rubis et de perles. Il offre, au centre, un cygne rapporté en or émaillé. XVIe siècle.

132 — Très-petit bijou en formé de niche en or découpé et émaillé, à fleurs et ornements et surmonté d'un pélican. Il renferme une petite statuette de Vierge en bois sculpté. Époque Louis XIII.

133 — Bijou formé d'entrelacs en or émaillé et découpé à jour, enrichi d'un cabochon d'agate saphirine et de quatre petits diamants tables. Époque Louis XIII.

134-136 — Trois bagues en or ciselé et émaillé du XVIe siècle. L'une d'elles est enrichie de deux rubis.

137 — Camée ovale sur calcédoine à deux couches, représentant Psyché accroupie. Travail du XVIe siècle. Il est monté dans un médaillon ovale en or émaillé.

138 — Baiser de paix de forme cintrée en argent doré, enrichi de plaques d'or, décorées en émaux translucides et représentant la Descente de croix et le Père éternel. Cette pièce, qui date du XVIe siècle, nous paraît avoir été réémaillée.

139 — Large plaque de ceinture du temps de Louis XIV, composée d'enroulements en or, de fleurs émaillées et enrichie de roses.

140 — Boîte à parfums de forme hexagonale et à couvercle bombé en peau de chagrin et écaille cloutée d'argent et garnie d'ornements et d'appliques en cuivre doré. Les flacons qu'elle renferme ont des bouchons en argent. Epoque Louis XIV.

141 — Deux couteaux à lames courbes en argent et à manches en cristal de roche, garnis en or émaillé noir. Travail polonais du XVIIe siècle (?).

142 — Petit bijou pendentif formé d'un petit groupe en bois sculpté et représentant le Rédempteur et le Christ en croix, monté dans une petite lanterne en or émaillé. XVIe siècle.

143 — Bijou analogue à celui qui précède et de même époque.

144 — Croix en cristal de roche renfermant une sculpture sur ivoire et garnie d'une monture en or et grenats. XVIe siècle.

145 — Médaillon en argent doré, à ornements découpés à jour et offrant, sur chacune de ses faces, une rosace émaillée en couleurs. XVIe siècle.

146 — Médaillon en argent niellé représentant la crèche et entouré d'une longue inscription latine également niellée.

147 — Petit reliquaire en argent niellé, à figures et inscriptions, enrichi de miniatures sous cristal de roche et monté sur un pied en argent ciselé, gravé et doré.

148 — Chaîne de montre formée d'un collier du temps de Louis XIII, composé de médaillons en or émaillé, à fleurs sur fond noir et d'entre-deux découpés, ornés de grenats.

149 — Médaillon ovale représentant le buste de Henri IV, finement gravé sur nacre de perle et monté en or.

150 — Petite main en cristal de roche, avec monture en or émaillé à rosaces sur fond vert. XVIe siècle.

151 — Main analogue à celle qui précède, mais en aventurine de Venise.

152 — Figure d'applique en or ciselé et émaillé, représentant la Vierge debout, les mains jointes. Elle offre, au revers, un calice en émaux translucides. Monture en cuivre doré.

153 — Petite croix en or émaillé noir et grenats gravés, représentant les divers instruments de la Passion.

154 — Cassolette forme cœur en or émaillé et découpéà jour et enrichi de petits rubis. XVIe siècle.

155 — Petite croix-reliquaire en or émaillé, décorée sur ses deux faces de fleurs sur fond noir. Epoque Louis XIII.

156 — Plaque de corsage en or, à ornements découpés à jour, et enrichie d'émeraudes. Epoque Louis XV.

157 — Petit bijou formé d'une grenouille, en or émaillé et enrichi de pierres fines et grenats. XVIIe siècle.

815 — Petite croix en or émaillé noir et blanc et se terminant par des fleurs de lis. XVIe siècle.

159 — Bracelet Louis XIII en filigrane d'or émaillé noir.

160 — Jolie broche formée d'un camée de forme ronde sur sardonyx oriental et représentant un guerrier romain sur un cheval se cabrant. Cette pierre est signée au revers : *J. Bissinger*, et sa monture consiste en un rang de brillants sertis en or.

161. — Etui nécessaire du temps de Louis XV, en agate monté en or à ornements rocailles et figure. Il contient divers ustensiles en or.

162. — Petite lorgnette en or émaillé à rubans bleus et blancs et à médaillons figures allégoriques peintes en grisaille sur fond brun. Epoque Louis XVI.

163. — Etui porte-tablette en vernis de Martin à fond vert uni et monté en or ciselé. Il offre, sur chacune de ses faces, une miniature peinte en grisaille sur ivoire. Epoque Louis XVI.

164. — Etui de même style en ivoire monté en or et orné d'un portrait de femme, peint en miniature sur ivoire.

165 — Etui de même style en ivoire, monté en or ciselé et orné de deux médaillons dont l'un renferme un fixé à figures d'enfants sur fond rouge. Le cercle supérieur a été refait en cuivre gravé.

166 — Flacon plat de poche en cristal de roche, taillé à contours. Il est garni d'un bouchon en argent doré. Epoque Louis XIV.

167. — Etui à ciseaux du temps de Louis XIII, en argent guilloché, émaillé bleu turquoise et à rosaces et ornements émaillés blanc et noir. Il contient encore deux petits couteaux à manches d'argent.

168 — Etui carré en or gravé à mascarons et ornements, et enrichi d'incrustations de nacre de perle gravée. Le couvercle, ouvrant à charnière, est garni à sa partie supérieure d'une plaque de cornaline. Epoque Louis XV.

169 — Etui Louis XIII, de forme aplatie, en argent doré, finement gravé et repercé à jour, il offre des vases de fleurs, des oiseaux et deux sujets emblématiques autour desquels on lit les devises suivantes : *Nous sommes inséparables. — Le monde périra avant mon amour.*

170 — Cachet formé d'un buste de nègre en Sardonyx oriental avec monture en or, rubis et diamants. L'intaille sur sardoine représente un groupe de deux figures. Epoque Louis XV.

171 — Flacon de poche en biscuit de porcelaine à figures et ornements réservés en blanc sur fond bleu et monté en or. Epoque Louis XVI.

172 — Amulette chinoise à double face en or découpé à jour et à papillons, fleurs et inscriptions incrustées de lapis, de turquoises, de corail et autres pierres.

173 — Petit sceptre chinois en or, filigrané et enrichi d'incrustations.

TABATIÈRES

174 — Tabatière de forme contournée, en or, gravé à sujets de chasse. Le fond est en nacre de perles ; le dessus, de même matière, est enrichi d'incrustations d'or ciselé et émaillé en couleurs représentant un sujet de chasse et des ornements. A l'intérieur est un sujet de chasse peint en miniature sur vélin. Epoque Louis XIV.

175 — Petite tabatière de forme oblongue à pourtour profilé en or guilloché et à bandes d'ornements ciselés. Epoque Louis XV.

176 — Boîte ovale du temps de Louis XV, en or émaillé bleu empois à fleurs et rosaces réservées en or et à cordons ciselés ; le couvercle est orné d'une peinture sur émail représentant un groupe de figures se détachant en grisaille sur fond rose.

177 — Boîte de même forme et de même époque, en or bruni et à montants et cordons ciselés en or de couleur. Elle est ornée au pourtour, ainsi que sur le couvercle, de peintures sur émail, représentant des jeux d'amours en grisaille sur fond gros bleu. Le fond offre un trophée d'instruments de musique en or ciselé.

178 — Petite boîte ovale du temps de Louis XVI, en or gravé, à corbeille de fleurs et ornements sur fond émaillé varié de nuances, telles que rose, vert, etc.

179 — Petit boîte de forme oblongue à bouts arrondis, en or guilloché et à pilastres et cordons ciselés en relief et émaillés en couleurs sur fond bleu clair. Epoque Louis XVI.

180 — Petite boîte ovale du temps de Louis XVI, en or guilloché et à montants, cordons et médaillon en or de couleur ciselé.

181 — Boîte de forme rectangulaire, composée de deux plaques en cristal de roche gravées en creux et représentant chacune une figure de bacchante. Ces plaques, qui datent du XVIe siècle, sont reliées par une monture à charnière en or bruni, à cordons gravés.

182 — Petite boîte ovale en cristal de roche taillé à cuvette et montée en or à cordons ciselés. Epoque Louis XVI.

183 — Boîte de forme contournée en jaspe-agate taillé à cuvette; elle est montée à gorge à charnière en or, et son bec est orné de fleurs executées en émeraudes et diamants. Epoque Louis XV.

184 — Boîte rectangulaire en jaspe sanguin gravé à ornements, et montée à cage en or ciselé. Epoque Louis XV

185 — Boîte ronde en verre agatisé et aventuriné de Venise, montée en or ciselé et doublée en or. Le dessus est enrichi d'un rang de demi-perles. Epoque Louis XVI.

186 — Boîte carrée à angles arrondis, en ancienne porcelaine de Saxe, à ornements gaufrés en relief et sujets champêtres dans le genre de Watteau. L'intérieur du couvercle offre un portrait de jeune femme pinçant de la guitare, encadré de fleurs et d'ornements dorés. Monture à charnière en argent doré.

187 — Boîte oblongue à angles rentrants, en prisme d'améthyste, taillée à cuvette et montée à gorge à charnière en or. Le dessus est orné d'une corbeille en or incrusté avec fleurs en relief exécutées en diverses matières. Travail de Dresde, sous Louis XV.

188 — Tabatière ovale en lapis-lazuli, montée à gorge à charnière, et montants en or gravé. Epoque Louis XVI.

MONTRES

189 — Jolie montre Louis XV, en or gravé, repercé à jour et à répétition. La double boîte, en caillou d'Égypte, est montée en or gravé et repercé à jour, et elle est enrichie de sept brillants, dont l'un sert de poussoir.

190 — Autre jolie montre ornée de deux peintures sur émail du temps de Louis XV, représentant l'une Hercule filant aux pieds d'Omphale, et l'autre un groupe de deux figures. Le mouvement porte le nom de Julien Le Roy, à Paris.

191 — Jolie montre Louis XVI, en or de couleur ciselé, à fleurs et ornements, et à cuvette ornée d'un médaillon peint sur émail, représentant des jeux d'enfants.

192 — Montre Louis XVI, en or guilloché et émaillé gris-perle, à cordons ciselés en relief et émaillés en couleurs. Les pierres qui formaient l'encadrement du cadran ont disparu.

193 — Montre Louis XVI, à répétition, en or guilloché, émaillé violet et étoilé d'or, enrichie d'un double rang de jargons et de feuillages émaillés.

194 — Très-petite montre en or de couleur ciselé, à attributs et ornements. Epoque Louis XVI.

195 — Petite montre en forme de poire, en or ciselé et émaillé en couleurs. Epoque Louis XVI.

MATIÈRES PRÉCIEUSES

196 — Cristal de roche. — Joli vase de forme ovoïde allongée et surbaissée, entouré de branchages en relief et à couvercle surélevé, garni de deux petites anses et surmonté d'une chimère assise. Beau travail chinois.

Haut., 14 cent., larg., 13 cent.

197 — Cristal de roche. — Petite coupe ovale à lobes, gravée à arabesques et oiseaux, et montée à anses à dragons, et pied en or émaillé dans le style du XVIe siècle.

Haut., 07 cent.; larg., 115 mill.

198 — Agate grisatre. — Coupe ovale unie, avec monture de style Louis XIII en argent émaillé, à pied et anses feuillagées.

Paut., 07 cent.; larg., 17 cent.

199 — Jade vert clair. — Grande et belle coupe en forme de fleur, entourée de branchages et d'oiseaux en haut-relief et pris dans la masse. Travail chinois. Collection Lenoir.

Haut., 05 cent.; larg., 20 cent.

200 — Jade gris. — Petite coupe ronde à feuilles gravées en relief et à deux anses fruits prises dans la masse. Travail indien.

Haut., 05 cent.; diam., 12 cent.

TABLEAUX

DE

L'ÉCOLE FRANÇAISE

ET

PEINTURES DÉCORATIVES

PEINTURES DÉCORATIVES

BERAIN

(MOTIFS DE)

201 — Quatre grands panneaux décoratifs, peints sur des motifs de Bérain, et représentant par de nombreuses allégories les *Quatre Saisons*.

Chacun de ces panneaux présente, au centre d'un monument circulaire, formé de colonnes et de galeries, un médaillon suspendu à un baldaquin chinois, et soutenu par un groupe de personnages variés. Au pied du monument, à travers les colonnes et au sommet des galeries, se tiennent, dansent, marchent, causent dans des attitudes très-mouvementées, et revêtus des costumes les plus fantaisistes, une quantité presque innombrable de figures d'hommes, de femmes et d'enfants de tous les pays. L'action de chacune de ces figures se rapporte à la saison indiquée par le sujet allégorique du médaillon central.

L'un de ces médaillons représente LE PRINTEMPS : *Flore et Zéphyre.*

Un autre, L'ÉTÉ : *Diane au bain, surprise par Actéon.*

Un troisième, L'AUTOMNE : *Ariane et Bacchus.*

Le quatrième, L'HIVER : *Pluton et Proserpine aux enfers.*

Toiles. dimensions variées.

Le Printemps.....	Haut., 230 cent.; larg., 131 cent.
L'Été............	Haut., 230 cent.; larg., 146 cent.
L'Automne........	Haut,. 230 cent.; larg., 150 cent.
L'Hiver..........	Haut., 220 cent.; larg,, 160 cent.

HUET

(JEAN-BAPTISTE)

202 — Les Guirlandes.

Devant une galerie monumentale qui forme l'entrée d'un parc, s'élève, sur un piédestal posé au sommet de plusieurs marches, une statue de Déesse, tenant une couronne. Au centre, deux jeunes femmes qui viennent d'attacher des guirlandes au piédestal de la statue et un jeune homme qui accourt apportant une couronne. A droite, une fontaine avec bassin. Devant ce bassin, deux autres femmes, l'une assise tenant une couronne, l'autre, debout, montrant une guirlande qu'elle vient de finir. A gauche, deux jeunes filles et un homme qui cherche à prendre une fleur attachée au corsage de l'une d'elles.

Toile. Haut., 217 cent; larg., 383 cent.

HUET

(JEAN-BAPTISTE)

203 — Nymphes au bain.

Devant une galerie monumentale, au delà de laquelle on aperçoit les arbres d'un parc, s'élève une fontaine jaillissante construite sous un arc de triomphe orné de cariatides sculptées. Sur les bords du bassin de cette fontaine, plusieurs nymphes, l'une debout ôtant un large vêtement, d'autres couchées, d'autres encore à demi nues et déjà plongées dans l'eau, se disposent à se baigner.

Toile. Haut., 217 cent.; larg., 295 cent.

HUET

(JEAN-BAPTISTE)

204 — Offrande au dieu Pan.

Plusieurs jeunes nymphes s'amusent à orner de guirlandes de feuillages la statue du dieu Pan, posée au haut d'un escalier sur le seuil d'un temple. Un peu plus bas, une autre nymphe apporte un plateau chargé de deux flacons contenant de l'encens. De chaque côté de l'escalier se trouvent des lions de pierre accroupis, sur l'un desquels s'appuie un satyre tenant une aiguière et ayant à ses pieds des plats en argent et des corbeilles remplies de pampres. A gauche, une nymphe couchée, une main posée sur une urne, et se laissant caresser par un satyre. Au fond, derrière une galerie, les hautes charmilles d'un parc.

Toile. Haut., 210 cent.; larg., 210 cent.

HALLÉ

(NOEL)

205 — Les Arts libéraux.

Suite de cinq remarquables panneaux composant une décoration somptueuse, d'une grande rareté, d'une parfaite conservation, et présentant, sous des figures allégoriques, les cinq arts libéraux :

La Peinture,

La Sculpture,

L'Architecture,

La Musique

La Poësie.

Toiles. Haut., 130 cent.; larg., 170 cent.

LEMOYNE

(FRANÇOIS)

206 — Suite de quatre dessus de portes représentant :

Renaud et Armide.

Angélique et Médor.

Vertumne et Pomone.

Atalante et Méléagre.

Toiles. Haut., 103 cent.; larg., 145 cent.

LERICHE

207 — Décoration de salon, composée de douze panneaux.

1° Quatre grands panneaux d'entre-d'eux, en bois peint, ornés, dans le haut, de médaillons contenant des figures allégoriques de la danse, en grisaille sur fond bleu. Ces médaillons sont attachés par des rubans et reposent sur des corbeilles de fleurs soutenues elles-mêmes par des rinceaux. Au centre se trouvent d'autres corbeilles d'où pendent des bouquets de fleurs au-dessous desquels sont un coq, un faisan doré, un sarigue et un singe.

Haut., 250 cent.; larg., 21 cent.

2° Deux panneaux, dont le haut présente de riches baldaquins auxquels sont suspendues des couronnes de fleurs et des rinceaux sur lesquels divers oiseaux perchent ou se balancent. Au centre, deux cornes d'abondance, et, dans la partie inférieure, une guirlande de fleurs.

Haut., 248 cent.; larg., 43 cent.

3° Deux panneaux, présentant dans le haut des couronnes de fruits auxquelles sont rattachées des corbeilles d'où pendent des épis. Au centre, des épis entrelacés, et dans la partie inférieure, des guirlandes de fleurs et d'autres épis.

Haut., 235 cent.; larg., 50 cent.

4° Deux panneaux représentant des têtes d'enfants placées au-dessus d'une draperie et supportant des corbeilles pleines de fleurs et d'épis. La partie inférieure se termine par de légers rinceaux.

Haut., 227 cent.; larg., 20 cent.

5° Deux panneaux présentant des corbeilles de fleurs, des vases, des épis et des oiseaux posés sur des rinceaux.

Haut., 237 cent.; larg., 15 cent.

NATOIRE

(CHARLES)

208 — Suite de sept panneaux décoratifs : sujets pastoraux.

Toiles cintrées par le haut. Haut., 134 cent.; larg., 110 cent.

ÉCOLE FRANÇAISE

209 — Suite de quatre dessus de portes :

Angélique et Médor.
Narcisse.
Diane.
Bergère endormie.

Toiles. Haut., 130 cent.; larg., 150 cent.

GIORDIANO

(LUCA)

210 — Suite de trois peintures décoratives, représentant :

1° Le jugement de Paris.

Toile. Haut., 350 cent.; larg., 260 cent.

2° Bacchus et Ariane.
3° La mort d'Adonis.

Toiles. Haut., 350 cent.; larg., 245 cent.

TABLEAUX

DE L'ÉCOLE FRANÇAISE

ALBRIER

211 — Tête de jeune fille endormie.

En buste, le visage appuyé sur sa main droite ; robe décolletée avec nœud de rubans violet.

Bois. Haut., 40 cent.; larg., 31 cent.

AUBRY

212 — L'Oiseau envolé.

Une jeune fille, accroupie, retient un chat prêt à s'élancer à la poursuite d'un oiseau qui s'envole par une fenêtre.

Toile. Haut., 44 cent.; larg., 54 cent.

BOEL

(VAN)

213 — Nature morte.

Un paon, un cygne, un coq, un lièvre, etc., posés sur une table. A droite, un ara, perché sur une chaise, tenant une grappe de raisins. Au fond, on aperçoit la façade d'un château. Dans le bas, un chien menaçant un chat.

Toile. Haut., 153 cent.; larg, 195 cent.

BOEL

(VAN)

214 — Nature morte.

Un dinde suspendu par la patte et un faisan entourés de corbeilles de fruits, d'un saladier contenant des fraises ; un gigot, des melons, des asperges etc., le tout posé sur une table. A gauche, dans le vestibule d'un palais, on aperçoit trois personnages représentant Jésus, Marthe et Marie.

Toile. Haut., 153 cent.; larg., 195 cent.

BOILLY ?

215 — Le Couronnement de l'Amour.

Deux jeunes femmes assises dans un intérieur, près d'un paravent, s'amusent à couronner une statue de l'Amour.

Toile. Haut., 53 cent.; larg., 44 cent.

BOUCHER

(FRANÇOIS)

216 — L'Hyménée.

Esquisse de forme ovale. Gracieuse composition.

Toile. Haut., 37 cent.; larg., 45 cent.

BOUCHER

(FRANÇOIS)

217 — Jeune dame et seigneur faisant de la musique.

Charmante esquisse en grisaille.

Toile. Haut., 25 cent.; larg., 19 cent.

CALLET

(ANTOINE-FRANÇOIS)

218 — Portrait de Marie-Antoinette.

Elle est représentée en vestale, debout, près d'un autel entouré de guirlandes ; à ses pieds se trouve une grande aiguière en or, ornée de fleurs.

Toile. Haut., 32 cent.; larg., 24 cent.

CARESME

219 — Nymphes et satyres réunis auprès de la statue de Priape.

Deux pendants.

Toiles. Haut., 32 cent.; larg., 40 cent.

CHARDIN

220 — Le Dessinateur.

Assis, dans son atelier, et tenant un carton sur ses genoux.

Bois. Haut., 23 cent.; larg., 18 cent.

CHARPENTIER

221 — Le Doux entretien.

Toile. Haut., 44 cent.; larg., 36 cent.

COYPEL

222 — Les Déguisements de l'Amour.

L'Amour, déguisé en jeune abbé, assis et tenant un livre ouvert sur ses genoux, fait la leçon à un groupe de jeunes filles dont une, agenouillée devant lui, l'écoute avidement.

Toile. Haut., 58 cent.; larg., 48 cent.

DANLOUX

223 — Le Berceau vide.

Une jeune mère, assise, les mains jointes sur ses genoux, contemple avec désespoir le berceau vide de son enfant.

Toile. Haut., 128 cent.; larg., 96 cent.

DANLOUX

224 — Le Joueur.

Assis près d'une table de jeu, foulant aux pieds des cartes répandues sur le sol, il est plongé dans un profond désespoir. Debout auprès de lui, sa femme lui offre son écrin ouvert.

Toile. Haut., 150 cent.; larg., 110 cent.

DEMACHY

225 — La Place Louis XV.

On aperçoit le Cours-la-Reine, l'allée des Champs-Elysées et la statue équestre du Roi. De nombreux promeneurs animent cette vue intéressante du vieux Paris, prise de l'entrée des Tuileries.

Toile. Haut., 74 cent.; larg., 90 cent.

DESPORTES

(FRANÇOIS)

226 — Gibier et fruits.

Sur une table de marbre, au pied d'un vase, des pêches, des prunes dans une corbeille ; à terre des perdrix et des bécasses ; un canard sauvage et un lièvre sont suspendus à un arbre. A droite et à gauche deux chiens et un lévrier veillant sur le gibier.

Toile. Haut., 126 cent.; larg., 160 cent.

DESPORTES

(FRANÇOIS)

227 — Fruits et gibier.

A l'entrée d'un parc, sur une table de pierre servant de piédestal à un vase, un oiseau suspendu, une corbeille contenant des raisins, des pêches et des prunes; à terre, un lièvre, des perdrix et divers oiseaux; le tout sous la garde d'un chien à poil blanc.

Toile. Haut., 112 cent.; larg., 95 cent.

DROUAIS

228 — Portrait de femme.

Vue de face, cheveux poudrés, et vêtue d'un peignoir blanc laissant la gorge à découvert.

Toile ovale. Haut., 66 cent.; larg., 57 cent.

DUPLESSIS

229 — Portrait d'un encyclopédiste.

Assis devant une table, écrivant; près de lui une sphère.

Toile. Haut., 96 cent.; larg., 77 cent.

FRAGONARD

230 — La Gimblette.

Toile. Haut., 69 cent.; larg., 88 cent.

GARNIER

231 — Le Serment d'amour.

Deux groupes formés par deux jeunes femmes et deux jeunes seigneurs, se rendent en courant au pied de la statue de l'Amour, posée sur un piédestal dans un parc.

Toile ovale. Haut., 63 cent.; larg., 51 cent.

GAUFFIER

(LOUIS)

232 — Intérieur de famille.

Toile. Haut., 73 cent.; larg., 100 cent.

GÉRICAULT

233 — Revue de cavalerie passée au Champ-de-Mars par le roi Louis XVIII.

Toile. Haut., 00 cent.; larg., 00 cent.

GREUZE

234 — La Volupté.

Jeune femme, en buste, de face, la tête légèrement penchée vers l'épaule droite ; peignoir blanc orné d'une rose, et laissant le sein gauche à découvert.

Très-beau pastel.

Haut., 45 cent.; larg., 36 cent.

GREUZE

235 — L'Arracheur de dents.

Au revers de cette toile, était collé un vieux parchemin portant l'inscription suivante que nous reproduisons à titre de document curieux :

« Ce tableau représente l'intérieur du cabinet d'un dentiste célèbre du dernier siècle. Greuze y est représenté avec sa jeune femme qu'il y a conduite pour la faire opérer. Arrivée chez l'opérateur, elle ne veut pas consentir à subir l'extraction de sa dent. Greuze la supplie en vain. »

Toile. Haut., 62 cent.; larg. 78 cent.

GREUZE

236 — Réunion de famille.

Un vieillard assis, entouré de ses enfants, raconte une histoire qui semble exciter leur gaieté.
Esquisse.

Toile. Haut., 61 cent.; larg., 78 cent.

GREUZE

237 — Mademoiselle Saint-Val du Théâtre Français.

En buste, costume oriental, rôle des *Trois Sultanes.*

Haut., 54 cent.; larg., 44 cent.

GREUZE

238 — La marquise de Brinvilliers.

Elle est représentée au moment où le bourreau la fait monter sur le bûcher.
Esquisse.

Bois. Haut., 20 cent.; larg., 27 cent.

GREUZE

(D'après)

239 — La Petite fille au chien.

Toile. Haut., 62 cent.; larg., 51 cent.

GRIMOUX

240 — Le Rieur.

Toile. Haut., 72 cent.; larg., 58 cent.

JOLLAIN

(P.)

241 — Jupiter et Hébé.

Toile. Haut., 112 cent.; larg., 126 cent.

LAGRENÉE

(LOUIS)

242 — Le Sacrifice d'Iphigénie.

Le grand prêtre, armé d'un poignard, s'apprête à frapper la jeune fille qui est étendue sur les marches de l'autel.

Toile cintrée dans le haut, Haut., 101 cent.; larg., 80 cent.

LAGRENÉE

(LOUIS)

243 — Nymphe endormie dans un paysage.

Toile. Haut., 90 cent.; larg., 122 cent.

LATOUR

(QUENTIN DE)

244 — Portrait de l'artiste.

En buste, la figure souriante, le coude appuyé, et de la main droite faisant un geste d'indication.

Pastel. Haut., 57 cent.; larg., 47 cent.

LARGILLIÈRE

(N. DE)

245 — Portrait du comte de Toulouse.

Debout, à mi-corps, vêtu d'une cuirasse fleurdelisée et d'un manteau bleu doublé d'hermine ; sa main droite est appuyée sur un casque. Il porte en sautoir le grand cordon du Saint-Esprit.

Toile. Haut., 115 cent.; larg., 88 cent.

LARGILLIÈRE

(N. DE)

246 — Portrait de femme.

En buste, cheveux poudrés, ornés de fleurs des champs ; robe verte décolletée.

Toile. Haut., 44 cent.; larg., 36 cent.

LAVREINCE

(NICOLAS)

247 — La Lettre.

Dans un élégant intérieur Louis XVI, deux jeunes filles, l'une debout et l'autre assise, semblent se concerter pour écrire une lettre.

Toile. Haut., 25 cent ; larg., 20 cent.

LE BARBIER

248 — Pastorale.

Dans un beau paysage, un vieillard, assis au pied d'un grand arbre, préside une réunion de jeunes femmes et de jeunes bergers.

Toile. Haut., 56 cent.; larg., 69 cent.

LECLERC DES GOBELINS

249 — La Bonne aventure.

Près d'une fontaine, dans un parc, un vieillard regardant la main d'une jeune bergère, lui prédit l'avenir.

Bois. Haut., 37 cent.; larg., 30 cent.

LEDOUX

(Mlle)

250 — Jeune fille à la colombe.

Toile. Haut., 76 cent.; larg., 62 cent.

LERICHE

251 — Fleurs dans un vase en porcelaine.

Bois. Haut., 25 cent.; larg., 17 cent.

MONNOYER

(BAPTISTE)

252 — Bouquet de fleurs.

Roses, pavots, œillets, pivoines, roses-trémières et autres fleurs, arrangés dans un vase en pierre, de forme Médicis, posé à terre.

Toile. Haut., 128 cent.; larg., 90 cent.

MONNOYER

(BAPTISTE)

253 — Bouquet de fleurs.

Lys, tulipes, anémones, dalhias, jasmins, liserons, etc., artistement arrangés dans deux vases posés à terre, et dont le pied est entouré de pêches, de melons et autres fruits.

Toile. Haut., 128 cent.; larg. 90 cent.

MONNOYER

(BAPTISTE)

254 — Fleurs dans un vase en cristal posé sur une console.

Toile. Haut., 94 cent.; larg., 88 cent.

MONNOYER

(BAPTISTE)

255 — Large guirlande de fleurs variées, avec feuillage, accrochée à un mur.

Toile. Haut., 93 cent.; larg., 143 cent.

MOREAU

256 — Le Portrait. Scène d'intérieur.

Une famille réunie dans un salon du temps de Louis XVI examine le portrait d'un de ses membres qu'on lui présente.

Toile. Haut., 20 cent.; larg., 28 cent.

OUDRY

257 — La Visite à la ferme.

Un seigneur et sa femme, arrivant dans une cour de ferme, sont reçus par une jeune fille; à gauche, une servante est en train de traire une vache pendant qu'une autre nettoie de la vaisselle. A droite, des poules et fond de paysage.

Toile. Haut., 91 cent.; larg., 150 cent.

OUDRY

(J.-B.)

258 — Lion debout dans un paysage.

Toile. Haut., 60 cent.; larg., 78 cent.

PATER

259 — Concert dans un parc.

Au centre, une jeune femme assise tenant un cahier de musique ouvert sur ses genoux ; près d'elle, une autre jeune femme qui l'accompagne avec une guitare ; elles sont entourées de jeunes seigneurs et de jeunes dames assis et causant dans un parc.

Toile. Haut., 51 cent,; larg., 61 cent.

PATER

260 — Le Collin-maillard.

Toile. Haut., 48 cent. larg., 59 cent.

PATER

261 — Scènes familières.

Deux pendants.

Bois. Haut., 14 cent.; larg., 18 cent.

PIERRE

262 — Jupiter et Io.

Toile. Haut., 59 cent.; larg., 74 cent.

RIGAUD

(HYACINTHE)

263 — Portrait de Monseigneur Lebret.

Président au Parlement de Provence.

Toile ovale. Haut., 71 cent.; larg., 57 cent.

ROBERT

(HUBERT)

264 — Le Temple de l'Amour.

Un magnifique pont de pierre, orné de cariatides jeté sur une rivière, conduit à un temple en rotonde, près duquel jaillit une fontaine monumentale. Plusieurs figures très-élégantes animent cette composition et rappellent le pinceau de Fragonard.

Toile. Haut., 102 cent.; larg., 80 cent.

TROY

(DE)

265 — Portrait de jeune femme de la Cour de Louis XIV.

En pied, cheveux poudrés, ornés d'un ruban; vêtue d'un peignoir en mousseline blanche décolleté, avec large manteau rose bordé de bleu. Près d'elle un King'Charles, et un jeune enfant se regardant dans une glace.

Signé et daté 1704.

Toile. Haut., 127 cent.; larg., 94 cent.

TROY

(DE)

266 — Etudes pour portraits.

Esquisse terminée, dans laquelle l'artiste a représenté un certain nombre de figures dans diverses attitudes.

Toile. Haut., 33 cent.; larg., 40 cent.

LOO

(CARLE VAN)

267 — Chasse à la panthère.

Un cavalier indien, monté sur un cheval blanc et armé d'une lance, se défend contre une panthère qui l'a saisi à la jambe; deux esclaves à pied viennent à son secours; un troisième, renversé par un tigre, frappe celui-ci de sa lance.

Toile. Haut.. 55 cent.; larg., 39 cent.

LOO

(CARLE VAN)

268 — Portrait du chevalier de Montour.

Toile. Haut., 114 cent,; larg., 85 cent.

VESTIER

269 — Portrait de jeune femme.

Debout, cheveux bouclés et tombants, un peignoir blanc négligemment jeté sur ses épaules recouvre un corsage rose.

Toile. Haut., 70 cent.; larg., 57 cent.

VOUET

(SIMON)

270 — Jeune famille dans un paysage.

Toile. Haut., 150 cent.; larg., 116 cent.

WATTEAU

(Ecole de)

271 — La Déclaration.

Motif de décoration.

Toile, forme ronde Diam., 67 cent.

ÉCOLE FRANÇAISE

272 — Portrait de jeune femme.

Cheveux ornés de fleurs et d'épis ; robe blanche décolletée avec une rose au corsage.

L'exécution facile de ce portrait plein de charme et de grâce permet de l'attribuer à Fragonard.

Toile. Haut., 46 cent.; larg., 32 cent.

ÉCOLE FRANCAISE

273 — Chasse au lion.

Deux cavaliers indiens poursuivent un lion ; l'un d'eux vient de lui lancer une flèche qui l'a atteint au flanc ; tandis que deux autres chasseurs à pied fondent sur lui armés d'une lance et d'un arc.

Bois. Haut., 67 cent.; larg., 55 cent.

ÉCOLE FRANÇAISE

274 — Chasse au tigre.

Dans un paysage indien, des nègres armés de glaives et de lances se précipitent sur un tigre pris dans un filet; deux femmes montées sur un éléphant et deux cavaliers assistent à cette attaque.
Pendant du précédent.

Bois. Haut., 67 ceut.; larg., 55 cent.

ÉCOLE FRANÇAISE

275 — Baigneuse.

A gauche, l'Amour, assis sur un nuage et tenant deux flambeaux, considère une jeune femme entrant dans l'eau.

Toile. Haut., 80 cent.; larg., 63 cent.

ÉCOLE FRANÇAISE

276 — Portrait de jeune femme.

En buste, cheveux poudrés ornés d'une aigrette entourée de perles ; robe blanche décolletée avec manteau violet retenu par un collier.

Toile. Haut., 63 cent., larg., 53 cent.

ÉCOLE FRANÇAISE

277 — La Madeleine aux pieds du Christ.

Cette toile ornait autrefois l'église de Boulogne-sur-Seine.

Toile. Haut., 300 cent.; larg., 195 cent.

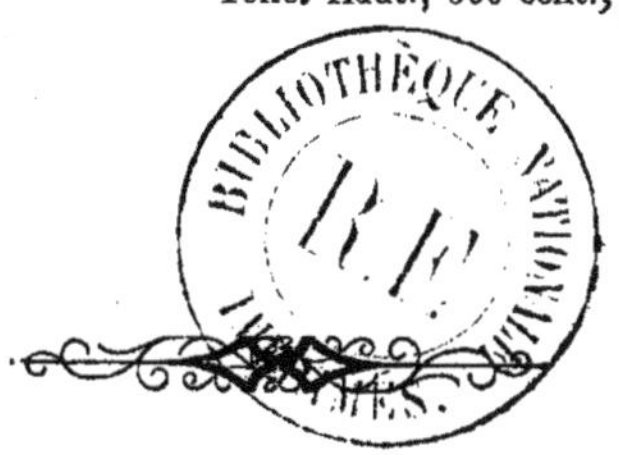

www.ingramcontent.com/pod-product-compliance
Ingram Content Group UK Ltd.
Pitfield, Milton Keynes, MK11 3LW, UK
UKHW020316220726
13923UKWH00003B/1176